AF232263

APPEL AUX ÉLECTEURS

LE

DANGER

PAR

E.-J. PÉRILHOU

PRIX **50** CENTIMES

BORDEAUX

FÉRET & FILS, libraires

15, COURS DE L'INTENDANCE, 15

1877

LE DANGER

APPEL AUX ÉLECTEURS

LE

DANGER

PAR

L.-J. PÉRILHOU

BORDEAUX

FÉRET & FILS, libraires

15, COURS DE L'INTENDANCE, 15

1877

LE DANGER

Malgré les provocations d'une certaine presse à un coup d'Etat, le Maréchal Président de la République, dans ses diverses harangues, ne cesse de protester de son respect pour la Constitution. Or, le Maréchal de Mac-Mahon est un honnête homme et nul ne peut mettre en doute la sincérité de son langage.

A qui profiterait, d'ailleurs, un coup d'Etat qui renverserait la République ? A personne. Ils sont trois pour recueillir sa succession, et il n'y a qu'un trône. Et si, par impossible, un des prétendants parvenait à s'y asseoir, ce ne serait pas pour long-temps ; les deux autres se retourneraient aussitôt contre lui et les républicains aussi ; cela va de soi.

Un coup d'Etat serait donc l'inauguration d'une épouvantable guerre civile dont nul ne peut prévoir le terme ni l'issue.

Ils sont trois, avons-nous dit, et nous maintenons ce nombre cabalistique, malgré la soumission du comte de Paris qui est allé renier à Frohsdorff les traditions de sa famille et fouler aux pieds le testament de son père ; ils sont trois, car, d'Aumale est là, qui ne s'est pas soumis, bien que son neveu ait parlé au nom de *toute sa famille*, et quoi-qu'il n'ait pas protesté ; il est là, avec ses préten-tions à un stathoudérat qui ressemblerait si fort à une monarchie par ses tendances et sa politique, que ce serait, en réalité, la monarchie elle-même, moins, peut-être, l'hérédité.

D'ailleurs, pour faire un coup d'Etat, il faudrait violer les lois et des soldats qui lui prêteraient leur appui. Or, le Maréchal, en possession du pouvoir et chef suprême de l'armée, est *le seul* qui pourrait violer la loi et disposer de la force publique. Mais le Maréchal n'a cessé de protester contre une telle pensée et nous devons le croire.

Et puis, est-ce que l'armée, reconstituée sur de nouvelles bases, armée nationale, car, sauf quelques exceptions regrettables, tout citoyen est soldat. Est ce que l'armée malgré l'obéissance passive qui lui est imposée, prêterait son concours à une telle entreprise? En douter serait lui faire injure. On oublie trop aisément que nous ne sommes plus en 1851; que Bonaparte, le corrupteur, à qui tous les moyens étaient bons pour parvenir à ses fins, n'est plus là; que si quelques chefs qui n'ont pas su conduire nos soldats à la victoire rêvent le renversement de la République, ceux-ci ne les suivraient pas dans cette criminelle entreprise, impossible, d'ailleurs, tant que le chef suprême de l'armée ne l'ordonnerait ou ne l'autoriserait pas.

Donc un coup d'Etat n'est pas à craindre.

Le Danger n'est pas là; il est tout entier dans la volonté du Maréchal d'aller *jusqu'au bout*, c'est à dire, de conserver le pouvoir jusqu'en 1880, en persistant dans ce qu'il appelle *sa* politique, malgré la réélection d'une majorité républicaine.

Le danger est encore dans la possibilité d'une nouvelle dissolution.

Par la réélection d'une majorité républicaine, le Maréchal, s'il veut rester dans les limites parlementaires et se renfermer dans l'esprit de la

Constitution, doit se soumettre sans réserve, à la décision du pays qu'il a voulu consulter, qu'il a pris pour juge et dont il a semblé vouloir accepter la sentence ; en quoi, d'ailleurs, cette soumission pourrait-elle être blessante ? Qui est le souverain ? Est-ce le Maréchal ou le pays ? Et sous l'empire du suffrage universel, la soumission à la volonté légalement exprimée de la France n'est-elle pas un impérieux devoir ?

Le Maréchal, irresponsable de par la Constitution, ne saurait avoir une *politique personnelle* ; il n'est et ne doit être que l'exécuteur des décisions des deux Assemblées ; et pourtant, chose étrange, et qui implique une contradiction flagrante avec son irresponsabilité, sauf, bien entendu, le cas de haute trahison, la Constitution lui donne le droit de dissoudre la Chambre ; mais cette dissolution ne saurait être répétée sans violer l'esprit de la Constitution, sans jeter la perturbation dans le pays, sans méconnaître le verdict populaire, sans s'insurger en quelque sorte contre la volonté souveraine de la nation, et l'on serait en droit de se demander si une telle conduite ne constituerait pas un cas de haute trahison ?

C'est là, surtout, qu'est le danger.

Que des conseillers imprudents, hommes d'Etat sans lendemain ; qu'une presse malsaine, espérant pêcher en eau trouble dans l'intérêt de ses prétendants, poussent à une telle politique en haine de la République que l'on cherche à discréditer et dont on serait bien aise de se débarrasser, conseillent au Maréchal de se faire l'instrument d'une telle politique, cela se comprend : la soif du pouvoir pour les uns ; pour les autres, la pensée de voir se réaliser leurs espérances et de satisfaire leurs insatiables appétits ; ce sont là des mobiles qui, quoi-

que malsains, ne laissent pas que d'agir puissam-
ment sur des esprits dévoyés, disposés à sacrifier à
leurs visées personnelles les intérêts du pays ;
mais que le Maréchal prête l'oreille à de sembla-
bles et si perfides conseils et les mette en pratique,
cela nous surprendrait de la part du premier ma-
gistrat de la République, premier esclave de la loi,
car, il n'existe que par elle, et son premier devoir
est de s'y soumettre, qu'il s'agisse de l'exécuter
dans sa lettre comme dans son esprit.

Mais si, par impossible, ces conseils étaient suivis, le Maréchal pourrait bien s'en repentir et re-
gretter amèrement d'avoir consenti à intervertir les
rôles, en devenant le maître de la nation, alors
qu'il n'en est que le serviteur.

Sous la monarchie, les imprudents qui pous-
saient le souverain aux abîmes s'écriaient : « *Le roi
ne doit pas rendre son épée.* » A combien plus forte
raison cette parole factieuse devrait être repoussée,
si elle était appliquée au Maréchal-Président de la
République, irresponsable, et auquel, par cela
même, toute politique personnelle est interdite.

Vainement le Maréchal invoquerait-il une certaine responsabilité qui l'engagerait envers le pays.
Ce serait là une prétention que rien ne justifie. Le
Maréchal n'a et ne peut avoir d'autre responsabilité que celle que lui impose la Constitution ; or, la
Constitution le déclare irresponsable, par consé-
quent, aucune autre responsabilité ne pèse sur lui !

Loin de nous la pensée de contester la ligitimité
des fonctions présidentielles qu'exerce le Maréchal ;
mais ne pourrait-on soutenir, en se plaçant au point
de vue de la doctrine parlementaire, cette proposi-
tion et lui dire :

« Vous avez été nommé Président par une majorité monarchique, depuis, condamnée par le pays ;

condamnation non équivoque formelle, éclatante. La politique réprésentée par cette majorité qui vous a élu, a été repoussée par la nation à une immense majorité, et cette politique qualifiée de conservatrice était la vôtre. Or, le verdict notional vous a atteint aussi, vous qui professiez et professez encore cette politique ; dans cette situation, votre devoir n'était-il pas de vous démettre, tout au moins de vous abstenir de représenter une politique dont le pays ne voulait plus ? »

Nous rappelions, tout à l'heure, ces paroles des familiers du roi qui conseillaient à leur maître, à propos du duel engagé contre la nation, de ne pas rendre son épée. On sait ce qui est advenu de ces jactances, de ces bavardages courtisanesques. Les rois auxquels on tenait ce langage ont si bien rendu leur épée qu'ils sont allés mourir sur la terre étrangère : Charles X à Holyrood et Louis Philippe à Claremont.

Ne mettra-t-on jamais à profit les enseignements de l'histoire et voudra-t-on recommencer une expérience qui a eu de si tristes conséquences pour ceux qui en ont été les victimes ?

La nation, la loi, le roi, telle fut la formule adoptée en 1789, après la prise de la Bastille. Sous la République, mettra-t-on son président avant la nation, avant la loi ? Quel est le téméraire qui oserait le prétendre ?

Mais que le conflit officiellement constaté par l'acte du 16 mai, nous serve de leçon ; que désormais, et quand il s'agira de réviser la Constitution actuelle, les républicains se gardent avec soin de consacrer de nouveau cette théorie dangereuse de *la division*, de l'*équilibre* et de la *pondération des pouvoirs* ; théorie propagée par l'auteur de l'*Esprit des Lois*, qui, si elle a sa raison d'être dans une monarchie constitutionnelle, constitue un véritable non sens, en même temps qu'un immense danger dans une République.

La monarchie constitutionnelle ayant succédé à la monarchie absolue, il était naturel, logique même, au point de vue de l'institution nouvelle, qu'un partage des pouvoirs fut établi; aussi le principe de la séparation des pouvoirs fut-il proclamé.

Aux assemblées, le pouvoir législatif; au roi, le pouvoir exécutif; aux tribunaux, le pouvoir judiciaire; au roi et aux chambres, l'initiative des lois; au roi, leur promalgation et le droit d'en assurer l'exécution par des ordonnances; aux juges, leur application.

Telle fut la division des pouvoirs.

C'était là une transaction entre le principe d'autorité represénté par le roi et le principe de liberté représenté par les mandataires du pays, représentation restreinte, limitée toutefois, mais qui, comparée au gouvernement d'un seul, n'en constituait pas moins un progrès réel.

Or, comme toutes les institutions, qui découlent des nécessités de leur époque se légitiment au point de vue historique par l'enchaînement et la logique des faits, le principe de la séparation des pouvoirs a eu sa raison d'être. Le pays, après de longues, de cruelles et d'incessantes luttes contre la féodalité et le pouvoir royal, luttes qui ont coûté à nos aïeux tant d'efforts, de larmes et de sang, le pays, vainqueur de la noblesse et du gouvernement du *bon plaisir* a voulu entrer en partage de la souveraineté et a dit : « A moi le pouvoir législatif! » Ça été là, une grande conquête; le règne de la loi a succédé à la volonté capricieuse, arbitraire, d'un seul homme.

Mais si grand que fut ce progrès, ce n'était là qu'un ordre de choses propre au régime monarchique constitutionnel, dans lequel trois pouvoirs, ou au moins deux, si nous en exceptons le *pouvoir judiciaire* qui ne mérite pas cette qualification, et qui n'est pas reconnu à ce titre par la Constitution actuelle, ont été presque toujours en lutte. L'histoire est là qui le prouve surabondamment : le 10 août 1792, le pouvoir exécutif est vaincu et Louis XVI porte la tête sur l'échafaud ; au 18 brumaire, c'est l'exécutif qui est vainqueur et le corps législatif est jeté par les fenêtres de Saint-Cloud ; en 1830, le peuple prend sa revanche et l'exécutif est vaincu : Charles X, ce roi gentilhomme qui n'avait pas voulu rendre son épée, s'en va mourir en exil ; il en est de même de Louis-Philippe, en 1848 ; au 2 décembre 1851, Louis Bonaparte, président de la République qu'il avait solennellement juré de protéger et de défendre, aidé de quelques complices que la justice n'a pas encore atteint, mais à laquelle ils n'échapperont pas, fait son coup d'Etat, dissout l'Assemblée nationale, emprisonne ou exile les représentants, égorge les citoyens qui défendaient la loi. Le pouvoir législatif est encore vaincu par l'éxécutif. Enfin, le 4 septembre, le peuple renverse l'empire et reprend l'exercice de sa souveraineté usurpée. Tels sont les faits.

Pour en prévenir le retour, il importe d'en rechercher la cause.

Cette cause, qu'elle est-elle ?

Mais la cause est d'une évidence telle qu'elle doit frapper tous les esprits, la cause unique des faits historiques que nous venons de rappeler, des luttes incessantes entre le pouvoir législatif et le pouvoir éxécutif est tout entière dans le principe de la *séparation des pouvoirs.*

Coups d'Etat ou révolutions, telles sont les conséquences nécessaires, logiques, inévitables de ce fu-
neste principe.

Mais l'Angleterre, la Belgique ont accepté ce principe et son application ne produit dans ces pays ni
coups d'Etat ni révolutions?

Nous en convenons.

Mais ce qui se passe en Angleterre, en Belgique,
et même ailleurs, ne prouve rien pour la France.
L'impartiale, l'inflexible histoire est là qui démon-
tre que la *Séparation des pouvoirs* est une cause
incessante de perturbation dans notre pays.

Si en Angleterre et en Belgique il en est autrement, cela tient à l'effacement complet de la
royauté, à la pratique sincère, loyale du gouvernement parlementaire où la royauté inviolable, et
par cela même irresponsable représentée par des
ministres sérieusement responsables, et dont l'initiative n'est nullement entravée, ne se mêle en
aucune façon aux luttes politiques, s'abstient avec
le plus grand soin de chercher à faire prévaloir une
politique personnelle, accepte, en un mot, quelle
qu'elle soit, la volonté du pays.

C'est à ces conditions, strictement observées, que
l'Angleterre et la Belgique doivent d'être préservées
de coups d'Etat et de révolutions.

Mais que la reine Victoria ou le roi Léopold veuil-
lent faire prévaloir une politique personnelle et affi-
chent la prétention de s'ériger en *sauveurs* de leur
pays, alors, le dénouement inévitable ne tardera
pas à se produire.

Or, en France, et sous une République qui se
dit avec raison démocratique; car, elle est en
possession du vote universel, nous avons sous les
yeux, et cela, au mépris des principes les plus
élémensaires de droit constitutionnel, l'étrange

spectacle d'un pouvoir personnel qui s'affirme, prétention surannée, contre laquelle nous avons à lutter après quatre révolutions populaires qui auraient dû nous en affranchir pour toujours.

Rendons cette justice au Maréchal, qu'il agit avec les meilleures intentions, mais disons lui hautement que l'acte du 16 mai a troublé, inquiété le pays, et que s'il persiste à résister à la volonté de la France, il appellera sur elle de grands malheurs.

Or, la France a besoin de calme et de tranquillité pour achever l'œuvre de son relèvement. Les intentions du Maréchal-Président sont pures, cela n'est pas douteux ; mais il se trompe, parcequ'on le trompe sur l'étendue de son pouvoir, sur les notions élémentaires, sur la pratique usuelle, constante du gouvernement parlementaire.

Un prompt retour aux véritables conditions de cette sorte de gouvernement peut seul conjurer le danger de la situation.

Après avoir établi les véritables principes du gouvernement parlementaire sous la monarchie constitutionnelle, et qui devraient à plus forte raison être suivis sous une République qu'on a voulu faire à l'image de la monarchie, il nous reste à démontrer que le principe de la séparation des pouvoirs qui a sa raison d'être dans une monarchie constitutionnelle et sincèrement parlementaire est un *non sens* sous la République.

- A la différence de la monarchie constitutionnelle qui consacre le principe de la séparation des pouvoirs, la République, ayant pour base la souveraineté du peuple s'exprimant par le suffrage universel, ne saurait admettre la division des pouvoirs, là où il n'y a qu'un seul pouvoir : *le Peuple.*

En effet, dans une République démocratique,

tout pouvoir émane du peuple qui est devenu *le seul souverain* ; et si les constituants de 1848 ont proclamé, à côté de ce principe fondamental, cette théorie dangereuse que *la séparation des pouvoirs est la première condition d'un peuple libre*, ils ont commis une erreur capitale qui a eu les plus funestes conséquences ; car, de cette maxime essentiellement fausse et antidémocratique est sorti le coup d'Etat du 2 décembre.

Oui, le coup d'Etat de décembre a eu pour cause, pour principe générateur, la théorie de la séparation des pouvoirs, empruntée à la monarchie constitutionnelle.

Sous la République, c'est un autre principe qui s'affirme et doit prévaloir ; car, il résulte de la nature des choses ; car, il constitue l'essence même du régime républicain ; ce principe est celui-ci :

UNITÉ DU POUVOIR.

DIVISION DES FONCTIONS.

Entre le pouvoir et la fonction, la différence est grande : le pouvoir suppose *l'initiative, le commandement* ; la fonction entraîne *l'obéissance*.

L'application de ces principes ne permet pas la lutte entre le pouvoir législatif et l'exécutif ; car, le pouvoir législatif est le représentant, l'image du souverain, en quelque sorte, le souverain lui-même. Or, là où il n'existe qu'un seul pouvoir concentré dans une assemblée unique, la lutte n'est pas possible ; elle l'est d'autant moins que l'exécutif cesse d'être un *pouvoir* pour devenir une *fonction* subordonnée, celui ou ceux qui en sont chargés étant toujours révocables.

Tels sont les vrais principes.

On ne manquera pas de se récrier à ces mots :

une assemblée unique, et de dire : mais une assemblée unique c'est le despotisme du nombre sans contrôle et sans limites, c'est à dire, l'arbitraire en permanence, et l'on rappellera aussitôt le souvenir de la Convention accompagné de toutes sortes d'exclamations.

Quoi? plus de contrepoids! plus de pondération et d'équilibre? mais c'est l'abomination de la désolation! etc., etc.

Pondérateurs, équilibristes, blancs, gris, bleus, tricolores, et même rouges, mais d'une nuance peu foncée, rassurez-vous. La France qui veut fonder définitivement le règne de l'ordre et de la paix publique, ne peut qu'acclamer, lors de la révision de la Constitution, une *assemblée unique* parceque *seule* elle peut la mettre en possession de ces biens précieux.

Quoi? n'est-ce pas assez d'une expérience de 85 ans, et faudrait-il la recommencer encore?

Coups d'Etat ou révolutions; voilà ce que n'a cessé de produire cette fameuse théorie de l'équilibre et de la poudération des pouvoirs!

Voyez ce qui se passe de nos jours : la lutte continue encore entre le législatif et l'éxécutif!

Equilibre, pondération, illusion, chimère que tout cela. Votre pondération, votre équilibre, c'est l'impuissance passée à l'Etat chronique et votre séparation des pouvoirs, une cause incessante de conflits.

Mais est-ce que l'Assemblée nationale de 1848 a été une Convention ? Est-ce qu'elle a constitué le despotisme ? Est-ce qu'elle a empêché la réaction d'organiser une propagande effrénée qui l'a forcée à se retirer avant d'avoir voté les lois organiques ? Est-ce que l'assemblée législative qui lui a succédé en 1849, a mis obstacle aux réunions de la rue de

Poitiers qui ne cessaient de conspirer la destruction de la République ?

Et pourtant, ces assemblées étaient des *assemblées uniques*.

Est-ce que l'assemblée nationale de 1871 qui s'est proclamée constituante et qui, contre son gré, a constitué la République, a empêché les pèlerinages, et même les complots monarchiques de se produire ?

C'était pourtant, là aussi, une Assemblée unique !

Vous, qui parlez tant de la Convention, ignorez-vous qu'elle a sauvé la France de l'invasion étrangère ? Que sans elle, sans son patriotisme, sans son énergie, nous n'existerions pas comme nation, ni peut-être comme individus ; ignorez-vous qu'elle a tout créé, organisé : unité de législation, de mesures, enseignement, justice, finances, administration, assistance publique, elle a tout réformé, tout créé, et cela, au milieu des orages ; faisant face, à la fois, à la guerre étrangère et à la guerre civile ; repoussant l'une, et mettant fin à l'autre en pacifiant la Vendée, son principal foyer.

Voilà une partie de son œuvre, car il serait trop long de l'énumérer en entier, un gros volume n'y suffirait pas !

Certes, nul ne désire le retour des mesures révolutionnaires, mais en les répudiant, il ne faut pas méconnaître les circonstances qui les ont rendues nécessaires, pas plus que leurs résultats définitifs.

Donc, sans nous laisser effrayer par les souvenirs de la Convention, souvenirs plus que compensés par la naïve tolérance des assemblées de 1848 et 1849, assemblées uniques, comme la Convention, de tragique mémoire ; compensation qui s'étend encore à la Constituant de 1871, assemblée unique, aussi, concluons plus que jamais, pour l'avenir, à une *assemblée unique.*

On parle de contrepoids et d'équilibre ; mais est-ce que dans un état républicain où règne la liberté, car, la République sans la liberté est un non sens, est ce que les contrepoids manqueraient, par hasard ? Ce ne seraient pas, toutefois, des contrepoids arbitraires, artificiels, comme ceux établis par la théorie constitutionnelle, mais de véritable contrepoids naturels et bien autrement efficaces.

Les contrepoids naturels d'une assemblée unique avec un éxécutif constamment subordonné et toujours révocable, n'exerçant pas un *pouvoir* mais une simple *fonction* qui pourrait être dévolue soit au bureau de l'assemblée, soit à son président auprès duquel les embassadeurs et autres agents des puissances étrangères seraient accrédités, soit même aux ministres, chacun dans son département, et qui nommeraient aux fonctions, les contrepoids, disons-nous, d'une assemblée unique sont :

1° Une presse libre, sans timbre ni cautionnement et régie, non par une législation spéciale, mais par le droit commun ;

2° Le droit de réunion et d'association s'exerçant librement sans formalités, ni entraves d'aucune sorte ;

3° L'intérêt et le patriotisme de tous ceux, et le nombre en est plus grand qu'on ne pense, qui veulent la liberté comme moyen et comme bu .

Voilà certes des contrepoids bien autrement efficaces que les contrepoids constitutionnels qui perpétuent l'impuissance et la lutte !

Une assemblée unique, l'exécutif cessant d'être un pouvoir pour devenir une fonction subordonnée ; plus de Sénat, véritable superfétation ; car, dans une démocratie, un Sénat ayant la même origine que l'assemblée nationale, élu comme elle par le suffrage universel, n'aurait pas sa raison d'être.

Tels sont les vrais principes, en matière de République démocratique.

Qu'on ne se méprenne pas toutefois, sur la portée de notre langage; nous n'entendons nullement, dans ce qui précède, faire la critique des institutions actuelles, encore moins diriger des attaques contre les lois constitutionnelles qui nous régissent. Nul ne respecte plus que nous les lois de notre pays. Quelque défectueuses qu'elles nous paraissent, notre devoir, le devoir de tous est de s'y soumettre. Il s'agit ici d'une discussion purement doctrinale, qui n'a d'autre but que de porter la lumière dans les esprits en formulant les vrais principes qui, selon nous, doivent présider à l'établissement d'une République vraiment démocratique.

Espérons qu'en 1880, quand il s'agira de réviser la Constitution, ces principes recevront leur application.

Les élections tant retardées, et pour cause, vont avoir lieu. Nous souhaitons que les 363 soient réélus. Sans doute, il y a dans ce nombre de l'or pur, mais aussi, il ne faut pas le dissimuler, il y a de l'or mêlé à beaucoup d'alliage. Depuis M. Léon Renault qui confine au centre droit et tant d'autres disposés à accepter la monarchie, si la monarchie était possible, et qui en ont conservé l'esprit et les tendances, jusqu'à MM. Louis Blanc, Madier-Montjau et Naquet, que de nuances !... Mais le moment n'est pas venu de les signaler et d'en donner l'explication. Espérons, toutefois, que l'on finira par s'entendre, quand il s'agira d'organiser définitivement la République dont nous n'avons encore que le nom. Pour le moment, il ne s'agit que d'une seule chose, lutter, lutter sans cesse contre le pou-

voir personnel qui tend à s'établir. La réélection
des 363 s'impose donc comme une nécessité politi-
tique de premier ordre.

C'est aux électeurs toutefois, de prescrire à leurs
mandataires qui, quoique en ait dit M. le président Grévy, n'ont pas toujours été à la hauteur de
leur mandat, une attitude plus ferme et plus éner-
gique. On a le droit et le devoir de parler haut et
ferme quand on parle au nom de la France représentée par une imposente majorité élue par le suffrage universel.

Espérons donc que les électeurs ne manqueront
pas à leur devoir, et si, ce qu'à Dieu ne plaise, de
nouveaux conflits surgissaient encore, ils trouvaient
un obstacle insurmontable dans le patriotisme et
le courage des députés républicains.

En resumé, de deux choses l'une : ou le pays
donnera raison au Maréchal dont la politique n'est
nullement définie, mais qui implique, à n'en pas
douter, des tendances réactionnaires ; ou bien, le
pays nommera une majorité républicaine.

Dans le premier cas, qu'adviendra-t-il !

Si les partis hostiles à la République, profondément
divisés entre eux se rallient avant les élections à
la politique du Maréchal en cachant leur drapeau,
après la lutte électorale, ce drapeau se montrera au
grand jour et sera violemment agité ; alors, les
divisions ne peuvent manquer d'éclater. Les tentatives
de restauration monarchique vont recommencer
avec d'autant plus d'intensité qu'elles auront un
objectif différent et réciproquement combattu. Ce
sera une immense agitation stérile, l'impuissance
dans le chaos. Les monarchistes unis pour combattre
la République se diviseront dès qu'il s'agira d'affirmer
la monarchie, objet de leurs prédilections, et cela, au
grand préjudice de l'ordre et de la paix publique ;

au grand préjudice des intérêts du commerce et de l'industrie si gravement atteints depuis l'origine de la crise actuelle; au grand préjudice, enfin, de l'œuvre du relèvement de la France dont les blessures sont à peine cicatrisées.

Qui oserait affirmer, d'ailleurs, que cet état de choses n'amènerait pas une situation révolutionnaire dont nul ne peut prévoir les conséquences?

Tels seraient les résultats du triomphe de la politique conservatrice.

Si au contraire (ce qui est plus probable), une majorité republicaine est élue, de deux choses l'une : ou le Maréchal n'en tiendra pas compte et alors la lutte est incessante entre le Maréchal et les représentants du pays.

Mais, si le Maréchal déférant au vœu de la nation renonce à *sa* politique et prend son ministère dans la majorité, alors le Sénat, suivant l'exemple du président, s'incline à son tour devant la volonté nationale et l'harmonie entre les pouvoirs est rétablie, la paix est signée, et c'est la nation qui en aura été l'arbître.

Alors, le calme renaît, les affaires reprennent et nous arrivons sans encombre jusqu'en 1880.

Mais si la faible majorité du Sénat persiste, malgré la déférence du Maréchal au vœu du pays, à faire échec aux réformes démocratique si modestes qu'elles soient, alors, la lutte entre les deux assemblées est sans trève et sans issue.

Si, enfin le Président, vaincu par le scrutin, ne croit pas que sa dignité lui permette de rester au pouvoir, alors, un successeur lui est donné et la majorité de la Chambre nouvellement élue, unie à l'imposante minorité du Sénat, assure l'élection d'un président républicain dont le premier acte devra consister à provoquer la révision des lois constitutionnelles, dont l'expérience a déjà démontré la nécéssité.

Quant à une dissolution nouvelle, cette hypothèse, quoique possible, n'est guère probable : méconnaître ainsi la volonté de la France, entrer en lutte avec elle, se serait là une voie trop dangereuse pour qu'on ose s'y engager.

Sans haine, sans crainte et sans passion, nous avons signalé le véritable danger. Non, le danger n'est pas dans ce qu'on nomme le radicalisme ; car, par l'application de ses principes, fort édulcorés d'ailleurs, la société ne court aucun danger.

Le danger ne consisterait pas d'avantage dans le fait d'aborder le vaste champ des réformes sociales, conséquence logique, nécessaire de la République, qui, sans elle, est un mot vide de sens.

Oui, les réformes sociales laissées à l'initiative individuelle, favorisées et protégées par *l'administration centrale*, si improprement appelée *gouvernement* comme si un peuple en possession du suffrage universel et souverain, par cela même, avait besoin d'être dirigé, les réformes sociales, disons-nous. ainsi entendues, ne sauraient constituer un péril social ; car, rien n'est ligitime que ce qui est possible.

Or, l'impossible n'est, qu'on le sache bien, le rêve de personne. Il y a dans les masses populaires si méconnues, si calomniées, plus de bon sens qu'on ne pense. La pleine et entière liberté de chacun n'ayant d'autre limite que la liberté d'autrui, constitue la garantie de tous.

Le Danger n'est pas là. Il est dans les tentatives entreprises contre ce qu'on nomme le radiscalisme, c'est-à-dire, contre la République elle-même, que l'on n'ose pas attaquer en face.

En présence de cette situation et des éventuali-
tés de l'avenir, que les républicains restent dans la
légallté ; qu'ils se renferment dans cette citadelle
inexpugnable ; que dans ce refuge protecteur, sans
crainte et sans faiblesse, chacun défende son droit,
sa liberté ; que chacun, en un mot, fasse son devoir
et la République est sauvée.

Au moment où cet opuscule allait être mis sous
presse, a paru le manifeste de M. le Président de
la République.

Ce document, dont nous ne voulons pas relever
les contradictions ni les hérésies constitutionnelles,
est la justification la plus éclatante des dangers que
nous avons signalés ; il confirme pleinement des
hypothèses auxquelles, par respect pour la personne
et le caractère de M. de Mac-Mahon, nous n'accor-
dions qu'une médiocre créance parcequ'elles nous
semblaient essentiellement inconstitutionnelles.

Mais le manifeste présidentiel est venu détruire
nos généreuses illusions. Le Maréchal considère
comme un péril, devant grandir son devoir, la
nomination des députés républicains ; il ajoute

qu'il n'abandonnera pas son poste, et que, quoiqu'il advienne, il restera pour défendre, avec l'appui du Sénat, les intérêts conservateurs ; ce qui veut dire qu'il n'aura aucun égard aux volontés de la France, légalement exprimées.

Or, agir ainsi, ce serait rouvrir l'ère des conflits et défier la nation ; ce serait vouloir imposer un ministère qui n'aurait pas la confiance de la Chambre, et ne tenir aucun compte de ses décisions ; ce serait vouloir gouverner avec le Sénat *seul*, alors que la Constitution déclare formellement que le gouvernement de la République se compose d'un Sénat, DE LA CHAMBRE DES DÉPUTÉS, et d'un président chargé du pouvoir exécutif.

Ce serait encore, peut-être, recourir à une nouvelle dissolution et braver, *jusqu'au bout*, la France républicaine.

Tout cela serait, assurément, fort peu constitutionnel et parlementaire.

Si le ministère qui a pris sans doute une large part à la rédaction du manifeste présidentiel a cru intimider les électeurs républicains, il se trompe étrangement. Ceux-ci, plus que jamais, feront leur devoir, et ce devoir, selon l'expression du manifeste, grandira aussi, avec le péril.

Mais, entre la parole et l'action se placent quelquefois des obstacles insurmontables ; vouloir et agir ne sont pas des termes équipollents ; il y a loin de la coupe aux lèvres, et l'on ne franchit pas tous les rubicons.

Bordeaux. — Imp. Aug. BORD, rue Porte-Dijeaux, 91.

OUVRAGES DU MÊME AUTEUR :

———

De l'inamovibilité de la magistrature, forte brochure in-8º. — Paris, 1849.

Unité démocratique ou essai de synthèse, 1 volume in-8º. — Paris, 1851.

L'Europe Russo-Prussienne, brochure in-8º. — Bruxelles, 1870, Rozès fils, libraire-éditeur, place de la Monnaie.

NOTA. — Les deux premiers ouvrages sont épuisés, une nouvelle édition paraîtra incessamment.

———

Pour paraître aussitôt que les circonstances le permettront :

Prolégomènes d'une philosophie.
L'Ecole d'Ionie.

———

Bordeaux. — Imp. Aug. BOPD, rue Porte-Dijeaux, 91.